\もっと/ からだ整え

おにぎり と みそ汁

藤井 恵

はじめに　2冊目となるこの本も、からだを整える食材をおいしく組み合わせ、
おにぎりとみそ汁の2品献立にしました。

献立とは、1品ではまかないきれない栄養と、
甘味・塩味・酸味・苦味・旨味の五味や
食感・温度をいろいろ取り入れた、お料理の組み合わせのこと。
理想ではありますが、これがなかなか難しく、
作る人の負担になって続かないと言われます。

ですが、日本人のソウルフードともいえるおにぎりとみそ汁の2品で、
栄養と味のバランスを手軽に整えることができると実感しました。
難しいことを考えずに、誰にでも作りやすいこの2品。
毎日いろいろ作り続けるうちに、不思議とからだと心が整ってくるはずです。

1冊目のおにぎりとみそ汁の本よりもさらに具材をたっぷり入れた、
にぎらない簡単なおにぎりも新たに加え、
バリエーションが広がった本になりました。

朝でも昼でも夜でも、作りたい時食べたい時に、
飽きずにおいしくいただける、おにぎりとみそ汁の本です。

藤井　恵

4 からだ整え 頭しゃっきりおにぎりとみそ汁

5 からだ整え お腹するっとおにぎりとみそ汁

コラム

【この本での約束ごと】

・1カップは200ml、1合は180ml、大さじ1は15ml、小さじ1は5ml。
　「ひとつまみ」とは、親指、人さし指、中指の3本で軽くつまんだ量の
　ことです。

・塩は精製されていないもの、黒こしょうは粗びき黒こしょう、オリーブ
　油はエキストラ・バージン・オリーブオイル、だし汁はp6の粉だしのほ
　か、昆布、かつお節、煮干しなどでとったものを使ってください。

・ごはんは茶碗1杯分＝125〜150g、茶碗軽く1杯分＝100gです。

・フライパンは、フッ素樹脂加工のものを使っています。

・電子レンジの加熱時間は、600Wのものを基準にしています。500W
　の場合は、1.2倍の時間を目安にしてください。機種によっては、多少
　差が出ることもあります。

だし汁について（粉だし）

だし汁は昆布やかつお節など、好みのものでいいのですが、わが家で使っているのは手作りの「粉だし」。丸ごといただけば、たんぱく質、カルシウム、食物繊維などの栄養も補えます。

◉昆布と干ししいたけ

ダブルの食物繊維にミネラルも。うまみ成分が相乗効果を発揮。

[材料] 作りやすい分量

昆布 … 5cm角1枚
干ししいたけ（石づきを除く）
… 10枚（50g）

◉煮干しと干ししいたけ

カルシウムをビタミンDで吸収。煮干しの濃厚なコクが広がります。

[材料] 作りやすい分量

煮干し（ワタを除く）… 50g
干ししいたけ（石づきを除く）
… 4枚（20g）

◉昆布、削り節、小えび

カルシウム豊富な栄養満点だし。えびのひと味違う風味が新鮮。

[材料] 作りやすい分量

昆布 … 5cm角1枚
花かつお … 30g
小えび（乾燥）… 20g

[作り方] 共通

材料すべてを食品ミル（粉砕機）にかけて粉状にする。

＊または、すり鉢ですってもいい

＊1回分（2人分で大さじ1）ずつラップで包んで冷凍保存し、日持ちは約2か月

みそ玉にしても便利

みそと混ぜてみそ玉にすれば、熱湯を注ぐだけでみそ汁が完成。具が煮えた汁に最後に加えても。1回分（2人分）で粉だし大さじ1＋みそ大さじ1～1½を混ぜ、ラップで包んで保存。日持ちは冷蔵で約2週間、冷凍で約2か月。

1

定番 からだ整え おにぎりとみそ汁

みんなが大好きな定番のおにぎりに、からだの調子が整う食材をプラス。
味のアクセントを加えることで、ちょっぴり目新しさのあるおにぎりにしました。
みそ汁にはたんぱく質、ビタミン類たっぷりの野菜、きのこの食物繊維を加えて、
栄養バランス満点に。汁ごと飲み干せば、無駄なく栄養をとることができます。

梅干しおかかごまおにぎり＋豆腐とわかめのみそ汁

定番の梅干しおにぎりに、高たんぱくの削り節、若返りビタミン＝ビタミンEの
ごまを加えて、元気が出るひと皿に。みそ汁は豆腐の良質なたんぱく質のほか、
わかめの食物繊維、腸の善玉菌を増やす玉ねぎのオリゴ糖で、腸内環境が整います。

梅干しおかかごまおにぎり

[材料] 2人分／4個

梅干し（種を除き、細かくたたく）… 2個

削り節 … 2袋（4g）

黒いりごま … 大さじ1

ごはん（温かいもの）

　… 茶碗軽く4杯分（400g）

[作り方]

1 ボウルに材料をすべて入れてさっくり混ぜ、4等分し、塩水（写真右）を手につけて三角ににぎる。

塩水は、水大さじ1に塩小さじ½を混ぜたものを用意し、手につけてごはんをにぎる。これで全体に塩がなじみ、ごはんの乾燥も防げる。暑い季節やお弁当で長時間持ち歩く時は、水を熱湯にすると腐敗防止に。

豆腐とわかめのみそ汁

[材料] 2人分

木綿豆腐（2cm角に切る）… ½丁（150g）

カットわかめ（乾燥・水につけて戻し、水けを絞る）

　… 大さじ2

玉ねぎ（横1cm幅に切る）… ¼個

だし汁 … 2カップ

みそ … 大さじ1～1½

[作り方]

1 鍋にだし汁、豆腐、玉ねぎを入れて火にかけ、煮立ったらふたをして中火で2～3分煮る。

2 わかめを加え、みそを溶き入れ、煮立つ直前に火を止める。

鮭ゆずこしょうおにぎり＋油揚げと小松菜のみそ汁

ピリッとゆずこしょうが隠し味のビタミンD豊富な鮭おにぎりは、
みそ汁の油揚げ、小松菜と合わせてカルシウムの吸収をアップ、骨を丈夫にします。
鮭のアスタキサンチン×小松菜のβ-カロテンとビタミンCで、免疫力も高まります。

鮭ゆずこしょうおにぎり

[材料] 2人分／4個

| 甘塩鮭の切り身 … 小 2 枚 (140g)
| 酒 … 小さじ 1
ゆずこしょう … 小さじ ½
ごはん (温かいもの) … 茶碗軽く 4 杯分 (400g)

[作り方]

1 鮭は酒をふって魚焼きグリルでこんがり 4 〜 5 分焼き、皮と骨を除いて大きめにほぐす。

2 ボウルにごはん、**1**、ゆずこしょうを入れてさっくり混ぜ、4 等分し、塩水 (p9) を手につけて三角ににぎり、ゆずこしょう (分量外) をのせる。

油揚げと小松菜のみそ汁

[材料] 2人分

油揚げ (熱湯をかけ、縦半分に切って細切り) … 1 枚
小松菜 (4cm 幅に切る) … 3 株
だし汁 … 2 カップ
みそ … 大さじ 1 〜 1½

[作り方]

1 鍋にだし汁、油揚げ、小松菜を入れて火にかけ、煮立ったらふたをして中火で 2 〜 3 分煮る。

2 みそを溶き入れ、煮立つ直前に火を止める。

明太子ごま油おにぎり＋えのきと絹さやのみそ汁

幸せホルモン・セロトニンを生み出すトリプトファンを含む明太子。
香りのいいごま油を加えてビタミンEを補給、ストレスや老化からだを守ります。
食物繊維どっさりのえのきのみそ汁は、ビタミンC豊富な絹さやで美肌作りと風邪予防も。

明太子ごま油おにぎり

[材料] 2人分／4個

明太子 (薄皮を除く) … ½腹 (1本・40g)
ごま油 … 小さじ1
ごはん (温かいもの) … 茶碗軽く4杯分 (400g)

[作り方]

1 ボウルに材料をすべて入れてさっくり混ぜ、4等分し、塩水 (p9) を手につけて三角ににぎる。

えのきと絹さやのみそ汁

[材料] 2人分

えのきだけ (長さを3等分に切り、ほぐす) … 1袋 (100g)
絹さや (筋を除き、斜め半分に切る) … 20枚
だし汁 … 2カップ
みそ … 大さじ1〜1½

[作り方]

1 鍋にだし汁、えのきを入れて火にかけ、煮立ったらふたをして中火で1〜2分煮る。

2 絹さやを加え、みそを溶き入れ、煮立つ直前に火を止める。

ツナマヨ七味おにぎり＋里いもとしめじのみそ汁

高たんぱくのツナに、少しのにんにくと七味でパンチをつけたおにぎりは、
元気がわき出る味わい。みそ汁は、里いもとしめじのダブルの食物繊維で腸を活発に。
セロリの漬けものは、香り成分が心を安らげる作用もあります。

セロリの塩麹漬け

ツナマヨ七味おにぎり

[材料] 2人分／4個

A | ツナ缶 (汁けをきる) … 小2缶 (140g)
　| マヨネーズ … 大さじ2
　| にんにく (すりおろす)、七味唐辛子
　| 　… 各少々
ごはん (温かいもの)
　… 茶碗軽く4杯分 (400g)

[作り方]

1 ボウルにAを入れて混ぜ (上にのせる分を少し残す)、ごはんを加えてさっくり混ぜ、4等分し、塩水 (p9) を手につけて三角ににぎる。

2 残りのツナマヨ、七味 (分量外) をのせる。

里いもとしめじのみそ汁

[材料] 2人分

里いも (1cm幅の輪切り) … 2個 (100g)
しめじ (ほぐす) … ½パック (50g)
万能ねぎ (2cm幅に切る) … 2本
だし汁 … 2カップ
白みそ … 大さじ1½

[作り方]

1 鍋にだし汁、里いも、しめじを入れて火にかけ、煮立ったらふたをして中火で5分煮る。

2 みそを溶き入れ、万能ねぎを加え、煮立つ直前に火を止める。

セロリの塩麹漬け

[材料] 2人分

セロリ (斜め薄切り) … 1本 (100g)
塩麹 … 大さじ½

[作り方]

1 ポリ袋に材料をすべて入れて混ぜ、空気を抜いて口を結び、30分以上おく。

塩麹は、米麹と塩、水を発酵させた調味料。きゅうり、大根、にんじん、みょうがを同様に漬けてもおいしい。

野沢菜ごまおにぎり＋高野豆腐とまいたけのみそ汁

β-カロテンが肌や粘膜を健康にし、免疫力を強化する作用がある野沢菜は、
食物繊維も豊富な腸活おにぎり。みそ汁は高たんぱく＆高カルシウムの高野豆腐に、
まいたけのビタミンDを合わせて、カルシウムの吸収をアップ。骨粗しょう症予防を助けます。

野沢菜ごまおにぎり

[材料] 2人分／4個

野沢菜漬け（みじん切り）… 大さじ4

削り節 … 2袋（4g）

金いりごま（または白いりごま）… 大さじ2

ごはん（温かいもの）… 茶碗軽く4杯分（400g）

[作り方]

1 ボウルに材料をすべて入れてさっくり混ぜ、4等分し、塩水（p9）を手につけて三角ににぎる。

高野豆腐とまいたけのみそ汁

[材料] 2人分

高野豆腐（袋の表示通りに戻し、縦半分に切って5mm幅に切る）
　… 1枚（16g）

まいたけ（ほぐす）… ½パック（50g）

だし汁 … 2カップ

みそ … 大さじ1〜1½

[作り方]

1 鍋にだし汁、高野豆腐、まいたけを入れて火にかけ、煮立ったらふたをして中火で3〜4分煮る。

2 みそを溶き入れ、煮立つ直前に火を止める。

焼きたらこ一味おにぎり＋厚揚げとかぶのみそ汁

幸せホルモン・セロトニンを生み出す成分を含むたらこに、一味を加えて
食欲増進おにぎりに。みそ汁は、豆腐類の中でもたんぱく質が多い厚揚げで体力アップ、
ビタミンC豊富なかぶの葉が肌を守り、老化防止作用も期待できます。

焼きたらこ一味おにぎり

[材料] 2人分／4個

| たらこ … ½腹 (1本・40g)
| 酒 … 小さじ1

一味唐辛子 … 少々

ごはん (温かいもの) … 茶碗軽く4杯分 (400g)

焼きのり (縦4等分に切る) … 全形1枚

[作り方]

1 たらこは酒をふって魚焼きグリルでこんがり5分焼き、5mm幅に切る。

2 ボウルにごはん、**1** (上にのせる分を少し残す)、一味を入れてさっくり混ぜ、4等分し、塩水 (p9) を手につけて三角ににぎり、のりを巻く。残りの**1**、一味 (分量外) をのせる。

厚揚げとかぶのみそ汁

[材料] 2人分

厚揚げ (水けをふき、1cm幅のひと口大に切る)
　… 1枚 (150g)

かぶ (皮ごと1.5cm幅のくし形切り) … 2個 (160g)

かぶの葉 (3cm幅に切る) … 1個分

だし汁 … 2カップ

みそ … 大さじ1〜1½

[作り方]

1 鍋にだし汁、厚揚げ、かぶを入れて火にかけ、煮立ったらふたをして中火で3〜4分煮、かぶの葉を加えてさらに1分煮る。

2 みそを溶き入れ、煮立つ直前に火を止める。

じゃこ青じそおにぎり＋豚肉とブロッコリーのみそ汁

青じそとブロッコリーのビタミンCで、じゃこおにぎりのカルシウムを効率的に摂取。
うまみたっぷりの豚肉のみそ汁は、長ねぎのアリシンが肉のビタミンB₁の吸収をよくします。
骨や歯を丈夫にしつつ、美肌効果、スタミナアップも期待できるセットです。

じゃこ青じそおにぎり

[材料] 2人分／4個

ちりめんじゃこ … 大さじ4
青じそ（粗みじん切り）… 10枚
ごはん（温かいもの）… 茶碗軽く4杯分（400g）

[作り方]

1 ボウルに材料をすべて入れてさっくり混ぜ、
4等分し、塩水（p9）を手につけて三角に
にぎる。

豚肉とブロッコリーのみそ汁

[材料] 2人分

豚薄切り肉（2cm幅に切り、**A**をからめる）… 5枚（100g）
A ｜ 酒、しょうがの絞り汁 … 各大さじ½
ブロッコリー（小房に分け、茎は皮をむいて1cm幅の輪切り）
　… ⅓株（120g）
長ねぎ（5mm幅の斜め切り）… ¼本
だし汁 … 2カップ
みそ … 大さじ1〜1½

[作り方]

1 鍋にだし汁、豚肉をほぐして入れて火にか
け、煮立ったらアクをとり、ブロッコリー
を加えてふたをして中火で1〜2分煮る。

2 長ねぎを加え、みそを溶き入れ、煮立つ直
前に火を止める。

鮭フレークとろろ昆布おにぎり＋チンゲンサイのみそ汁

鮭のビタミンＤ＋とろろ昆布の食物繊維で、免疫力＆腸活力アップおにぎりです。
みそ汁にはβ-カロテン豊富なチンゲンサイとにんじんを入れ、肌や粘膜を補強。
漬けものの大根のジアスターゼが消化を助け、胃腸の機能を高めます。

大根の梅漬け

鮭フレーク
とろろ昆布おにぎり

[材料] 2人分／4個

鮭フレーク … 大さじ4
とろろ昆布 (ちぎる) … ひとつまみ (2g)
ごはん (温かいもの)
　… 茶碗軽く4杯分 (400g)

[作り方]

1 ボウルに材料をすべて入れてさっくり混ぜ、4等分し、塩水 (p9) を手につけて三角ににぎる。

チンゲンサイのみそ汁

[材料] 2人分

チンゲンサイ (4cm長さの短冊切り)
　… 小1株
にんじん (皮ごと短冊切り) … ¼本
だし汁 … 2カップ
みそ … 大さじ1〜1½

[作り方]

1 鍋にだし汁、にんじんを入れて火にかけ、煮立ったらふたをして中火で2〜3分煮、チンゲンサイを加えてさらに1〜2分煮る。

2 みそを溶き入れ、煮立つ直前に火を止める。

大根の梅漬け

[材料] 2人分

大根 (5mm幅のいちょう切り)
　… 4cm (150g)
A｜梅肉*、ゆかり、水 … 各小さじ1
*梅干し½個の種を除き、細かくたたく

[作り方]

1 ポリ袋に材料をすべて入れて混ぜ、空気を抜いて口を結び、30分以上おく。

高菜漬けしらすおにぎり+水菜と天かすのみそ汁

ごはんがすすむ高菜漬けの食物繊維に、しらすのカルシウムとビタミンDを加え、
腸の働きをスムーズに＆骨や歯を丈夫に。水菜のみそ汁は、β-カロテン、ビタミンC、
食物繊維、カルシウムで美肌作りとイライラ防止を。天かすで食べごたえも満点です。

高菜漬けしらすおにぎり

[材料] 2人分／4個

高菜漬け（粗みじん切り）… 大さじ3（40g）
しらす … 大さじ4
ごはん（温かいもの）… 茶碗軽く4杯分（400g）

[作り方]

1 ボウルに材料をすべて入れてさっくり混ぜ、4等分し、塩水（p9）を手につけて三角ににぎる。

水菜と天かすのみそ汁

[材料] 2人分

水菜（4cm幅に切る）… 2株
だし汁 … 2カップ
白みそ … 大さじ1½
天かす … 大さじ2

[作り方]

1 鍋にだし汁を入れて火にかけ、煮立ったら水菜を加えて中火にし、再び煮立ったらみそを溶き入れ、煮立つ直前に火を止める。

2 器に盛り、天かすをのせる。

のりつくだ煮わさびおにぎり + 鶏肉とかぼちゃのみそ汁

赤血球を生成する造血ビタミン・葉酸を多く含むのりを、つくだ煮でたっぷり食べられる
おにぎりです。みそ汁は、鶏肉と大豆の良質なたんぱく質で体力増強、
かぼちゃのβ-カロテンとビタミンE、大豆の食物繊維でさびないからだを手に入れます。

のりつくだ煮わさびおにぎり

[材料] 2人分／4個

A｜市販ののりのつくだ煮 … 大さじ1
　｜おろしわさび … 小さじ1〜2
ごはん（温かいもの）… 茶碗軽く4杯分（400g）

[作り方]

1 ボウルにAを入れてざっくり混ぜ（上にのせる分を少し残す）、ごはんを加えてさっくり混ぜ、4等分し、塩水（p9）を手につけて三角ににぎる。

2 残りのAをのせる。

鶏肉とかぼちゃのみそ汁

[材料] 2人分

鶏もも肉（皮つき・3cm角に切る）… 小 ½ 枚（125g）
A｜かぼちゃ（1cm幅のひと口大に切る）… ⅟₁₆個（100g）
　｜ゆで大豆 … ½ カップ（50g）
　｜だし汁 … 2カップ
みそ … 大さじ1〜1½
サラダ油 … 小さじ½

[作り方]

1 鍋にサラダ油を熱し、鶏肉を皮目から強めの中火でこんがり炒め、Aを加えて煮立ったらアクをとり、ふたをして中火で10分煮る。

2 みそを溶き入れ、煮立つ直前に火を止める。

牛甘辛煮おにぎり + あおさと玉ねぎのみそ汁

おにぎりの牛肉の赤身部分に含まれる鉄には、貧血や冷え性を改善する力が。
みそ汁は、あおさの食物繊維、玉ねぎのオリゴ糖が善玉菌を増やして腸を健康に。
牛乳の4〜5倍もあるあおさのカルシウムで、骨粗しょう症対策もできます。

牛甘辛煮おにぎり

[材料] 2人分／4個

牛切り落とし肉 (2cm幅に切る) … 150g
A｜しょうゆ、みりん … 各小さじ2
　｜砂糖、酒、しょうが (すりおろす)、
　｜　市販の実山椒の水煮 (あれば) … 各小さじ1
ごはん (温かいもの) … 茶碗軽く4杯分 (400g)

[作り方]

1 鍋にAを煮立たせ、牛肉を加えて中火で
ほぐしながら色が変わるまで煮、取り出
して煮汁をとろりとするまで煮詰め、牛
肉を戻してからめる。

2 ボウルにごはん、**1** (上にのせる実山椒
を少し残す) を入れてさっくり混ぜ、4等
分し、塩水 (p9) を手につけて三角にに
ぎる。残りの実山椒をのせる。

牛肉は甘辛く煮たら取り出し、
煮汁をとろみがつくまで煮詰め
てから戻す。これで肉はやわら
かく、味もしっかりからむ。

あおさと玉ねぎのみそ汁

[材料] 2人分

あおさ (乾燥・さっと水にくぐらせ、水けを絞る)
　… 大さじ3 (5g)
玉ねぎ (1cm幅のくし形切り) … ½個
だし汁 … 2カップ
みそ … 大さじ1〜1½

[作り方]

1 鍋にだし汁、玉ねぎを入れて火にか
け、煮立ったらふたをして中火で1
〜2分煮る。

2 みそを溶き入れ、あおさを加え、煮
立つ直前に火を止める。

まぐろ角煮おにぎり + にらともやしのみそ汁

高たんぱくのまぐろは、セロトニンを分泌させて精神を安定させ、ストレスを軽減。
しょうがとともに甘辛く煮て、ごはんがすすむ味にします。にら入りのみそ汁で
β-カロテンと食物繊維をしっかり摂取。心身の免疫力アップに役立つ献立です。

まぐろ角煮おにぎり

[材料] 2人分／4個

まぐろの刺身（赤身・1.5cm角に切る）
　… 小1さく（150g）
A しょうゆ … 大さじ1
　　 砂糖、みりん … 各大さじ½
　　 しょうが（皮ごと細切り） … 1かけ
ごはん（温かいもの） … 茶碗軽く4杯分（400g）

[作り方]

1 鍋に**A**を煮立たせ、まぐろを加えて中火で時々混ぜながら汁けがなくなるまで煮る。

2 ボウルにごはん、**1**を入れてさっくり混ぜ、4等分し、塩水（p9）を手につけて三角ににぎる。

鍋に調味料を煮立たせたら、まぐろを入れて時々混ぜながら煮る。汁けがなくなるまで煮ることで、味をしっかりからめる。

にらともやしのみそ汁

[材料] 2人分

にら（4cm幅に切る） … ½束
もやし … ½袋（100g）
だし汁 … 2カップ
みそ … 大さじ1〜1½

[作り方]

1 鍋にだし汁を入れて火にかけ、煮立ったらにら、もやしを加えて中火にし、再び煮立ったらみそを溶き入れ、煮立つ直前に火を止める。

2

からだ整え
にぎらないおにぎりとみそ汁

忙しい日などに助かる、ごはんをにぎらずに作れるおにぎり3種をご紹介します。
のりで包むだけの三角おにぎりは、ごはんがふわっとほぐれて美味。
沖縄風は具材どっさりタイプで、おにぎらずは切り口の断面が魅力的。
たんぱく質がしっかりとれるので、食物繊維やビタミン豊富なみそ汁とどうぞ。

[材料] 2人分／4個

梅干し（種を除き、半分にちぎる）… 2個
しらす … 大さじ4
ごはん（温かいもの）
　… 茶碗軽く4杯分（400g）
焼きのり（縦半分に切る）… 全形2枚
塩 … 少々

のりで包む三角おにぎり（梅しらす）

のりにごはんと具をのせたら、パタンパタンと三角にたたむだけ。
定番の梅おにぎりに、しらすでカルシウムとビタミンDを補います。

1 ごはんと具をのせる

のり全体に塩をふり、左を2cm
あけて左半分にごはんの⅛量
をのせ、まん中をくぼませ、し
らす大さじ1⇒梅干し½個分
⇒ごはんの⅛量の順にのせる。

＊最初のごはんはやや三角形に

2 のりで包む

のりの左上の角を折ってごは
んにくっつけ、

のりごとごはんを右斜め上に
たたんで三角にし、下のごは
んを押して少し整え、向こう
からごはんを持ち上げてのりで
包む。

沖縄風おにぎり（切り干し大根のケチャップ炒め）

沖縄ではポピュラーな、おかずいらずの"半分にたたむだけ"おにぎりです。
切り干し大根のどっさり食物繊維で便秘を解消、カルシウムや鉄もとれます。

［材料］2人分／2個

切り干し大根
（水大さじ2につけて戻し、
水けをきって食べやすく切る）
… 20g

玉ねぎ（薄切り）… ¼ 個

ウインナー … 4本

A | ケチャップ、水 … 各大さじ2
 | しょうゆ … 大さじ ½

バター … 10g

ごはん（温かいもの）
… 茶碗2杯分（300g）

焼きのり（縦半分に切る）… 全形1枚

塩 … 少々

1 具を作る

フライパンにバターを
溶かし、玉ねぎを中火
で炒め、油が回ったら
切り干し大根を加えて
しんなり炒め、ウイン
ナー、**A**を加えて汁け
がなくなるまで炒める。

2 ごはんをのせる

ラップにのりをのせ、
全体に塩をふり、ごは
んの半量を全体に広げ
てのせる。

3 具をのせる

手前半分に具の半量を
のせ、

4 たたむ

ラップごと持ち上げて
半分にたたむ。

＊ラップで包み、落ち着くま
で少しおくといい

＊ラップごと半分に切っても
食べやすい

[材料] 2人分／4切れ

A｜さば水煮缶 (汁けをきる) … 1缶 (180g)
　｜マヨネーズ … 大さじ2
　｜フレンチマスタード … 大さじ½
　｜塩、こしょう … 各少々

青じそ … 6枚

ごはん (温かいもの)
　 … 茶碗2杯分 (300g)

焼きのり … 全形2枚

塩 … 少々

おにぎらず (さばマヨ青じそ)

のりで四角く包んで切ればOK。DHA や EPA のほか、たんぱく質、
カルシウムも豊富なさば缶の缶汁は、みそ汁にぜひ活用して。

1 ごはんと具をのせる

ラップ (30cm×30cm) を角を手前にして置き、のりをのせて全体に塩をふる。まん中にごはんの¼量をのせ、青じそ3枚⇒混ぜた**A**の半量⇒ごはんの¼量の順にのせる。

＊最初のごはんは四角形に

2 左右→上下の順にたたむ

のりを左右、上下の順に折りたたみ (ごはんが見えなくなるように)、

3 ラップで包んで切る

ラップできつめに包み、包丁でラップごと縦半分に切る。

たくあん青じそごまおにぎり＋豚肉となめこのみそ汁

コリッと食感のいいたくあんに、たっぷりの青じそを香らせたおにぎりは、
β-カロテンとビタミンＣの力で免疫力を高め、若返り効果も。みそ汁は豆腐の植物性、
豚肉の動物性の両たんぱく質で代謝アップ。なめこの食物繊維で腸も整います。

⇒作り方は 40 ページ

おかかすりごまおにぎり＋高野豆腐と菜の花のみそ汁

削り節のたんぱく質に消化のいいすりごまを加え、食物繊維を強化したおにぎり。
みそ汁は、高野豆腐のカルシウムにビタミンＣ含有王の菜の花を合わせることで、
吸収をよくして免疫力アップ、β-カロテンが風邪をひきにくくしてくれます。

⇒作り方は 41 ページ

葉唐辛子おにぎり＋鶏団子とさつまいものみそ汁

生活習慣病予防効果があるとされるβ-カロテンを多く含む葉唐辛子。

カプサイシンによる脂肪燃焼作用も期待できるおにぎりです。

みそ汁は、さつまいもとしめじで食物繊維を補い、鶏ひき団子でたんぱく質吸収をスムーズに。

⇒作り方は42ページ

ねぎみそおにぎり＋豚肉とまいたけのみそ汁

ごはんがすすむねぎみそは、長ねぎのアリシン＋唐辛子のカプサイシンが血行を促進。
みそ汁は、まいたけのβ-グルカンで免疫力を最強に、豚肉のビタミンB_1が
おにぎりのねぎとともに疲労を回復します。漬けもののきゅうりのカリウムでむくみ予防も。

⇒作り方は 43 ページ

きゅうり甘酢
じょうゆ漬け

たくあん青じそごまおにぎり

[材料] 2人分／4個

A｜たくあん (細切り) … 3cm (40g)
｜青じそ (細切り) … 10枚
｜金いりごま (または白いりごま) … 大さじ1
ごはん (温かいもの) … 茶碗軽く4杯分 (400g)
焼きのり (縦半分に切る) … 全形2枚

[作り方]

1 のりに塩少々 (分量外) をふり、左半分にごはんの⅛量⇒混ぜたAの¼量 (上にのせる分を少し残す) ⇒ごはんの⅛量の順にのせる。

2 のりで三角に包み (p33)、残りのAをのせる。

豚肉となめこのみそ汁

[材料] 2人分

｜豚薄切り肉 (4cm幅に切り、酒をふる) … 5枚 (100g)
｜酒 … 小さじ1
絹ごし豆腐 (1cm角に切る) … ⅓丁 (100g)
なめこ … 1袋 (100g)
だし汁 … 2カップ
みそ … 大さじ1〜1½

[作り方]

1 鍋にだし汁、豚肉をほぐして入れて火にかけ、煮立ったらアクをとり、豆腐を加えてふたをして中火で1〜2分煮る。

2 みそを溶き入れ、なめこを加え、煮立つ直前に火を止める。

おかかすりごまおにぎり

[材料] 2 人分／4 個

A｜削り節 … 2 袋（4g）
　｜しょうゆ … 小さじ 2
　｜白すりごま … 大さじ 2
ごはん（温かいもの）… 茶碗軽く 4 杯分（400g）
焼きのり（縦半分に切る）… 全形 2 枚

[作り方]

1 のりに塩少々（分量外）をふり、左半分にごはんの⅛量⇒混ぜた **A** の¼量（上にのせる分を少し残す）⇒ごはんの⅛量の順にのせる。

2 のりで三角に包み（p33）、残りの **A** をのせる。

高野豆腐と菜の花のみそ汁

[材料] 2 人分

高野豆腐（袋の表示通りに戻し、縦半分に切って 5mm 幅に切る）
　　… 1 枚（16g）
菜の花（長さを 4 等分に切る）… ½ 束（100g）
だし汁 … 2 カップ
白みそ … 大さじ 1½

[作り方]

1 鍋にだし汁、高野豆腐を入れて火にかけ、煮立ったらふたをして中火で 2〜3 分煮る。

2 菜の花を加え、再び煮立ったらみそを溶き入れ、煮立つ直前に火を止める。

葉唐辛子おにぎり

[材料] 2人分／4個

市販の葉唐辛子のつくだ煮（粗く刻む）… 大さじ2
ごはん（温かいもの）… 茶碗軽く4杯分（400g）
焼きのり（縦半分に切る）… 全形2枚

[作り方]

1 のりに塩少々（分量外）をふり、左半分にごはんの⅛量⇒葉唐辛子の¼量（上にのせる分を少し残す）⇒ごはんの⅛量の順にのせる。

2 のりで三角に包み（p33）、残りの葉唐辛子をのせる。

唐辛子の葉を甘辛く煮た葉唐辛子のつくだ煮は、ピリッとした風味がアクセント。刻んで豆腐にのせる、卵焼きに入れる、ごはんに炊き込んでも。

鶏団子とさつまいものみそ汁

[材料] 2人分

A 鶏ひき肉 … 100g
　　酒、しょうが（すりおろす）… 各小さじ1
さつまいも（皮ごと1cm幅の輪切りにし、水にさらす）
　… ½本（100g）
しめじ（ほぐす）… ½パック（50g）
だし汁 … 2カップ
みそ … 大さじ1〜1½

[作り方]

1 鍋にだし汁、さつまいもを入れて火にかけ、煮立ったら混ぜた**A**をスプーンでひと口大にすくって加え、再び煮立ったらアクをとり、しめじを加えてふたをして中火で5分煮る。

2 みそを溶き入れ、煮立つ直前に火を止める。

ねぎみそおにぎり

[材料] 2人分／4個

A ┃ 長ねぎ (みじん切り) … ½ 本
　┃ みそ … 大さじ1
　┃ ごま油 … 小さじ1
　┃ 七味唐辛子 … 少々
ごはん (温かいもの)
　　… 茶碗軽く4杯分 (400g)
焼きのり (縦半分に切る) … 全形2枚

[作り方]

1 耐熱容器に**A**を混ぜ、ラップをかけずに電子レンジで1分加熱する。

2 のりに塩少々 (分量外) をふり、左半分にごはんの⅛量⇒**1**の¼量 (上にのせる分を少し残す)⇒ごはんの⅛量の順にのせる。のりで三角に包み (p33)、残りの**1**をのせる。

豚肉とまいたけのみそ汁

[材料] 2人分

豚薄切り肉 (4cm幅に切り、**A**をからめる)
　　… 5枚 (100g)
A ┃ 酒、しょうが (すりおろす)
　┃ 　… 各小さじ1
まいたけ (ほぐす) … ½ パック (50g)
だし汁 … 2カップ
みそ … 大さじ1～1½

[作り方]

1 鍋にだし汁、豚肉をほぐして入れて火にかけ、煮立ったらアクをとり、まいたけを加えてふたをして中火で2～3分煮る。

2 みそを溶き入れ、煮立つ直前に火を止める。

きゅうり甘酢じょうゆ漬け

[材料] 2人分

きゅうり (縦半分に切って種を除き、1.5cm幅に切る)
　　… 1本
A ┃ しょうゆ … 小さじ2
　┃ 酢、砂糖 … 各小さじ1
　┃ しょうが (皮ごと細切り) … 1かけ
　┃ 赤唐辛子 (小口切り) … 1本

[作り方]

1 ポリ袋に材料をすべて入れて混ぜ、空気を抜いて口を結び、30分以上おく。

ポーク卵おにぎり + おぼろ豆腐とあおさのみそ汁

甘辛く焼いたスパムに卵でたんぱく質を強化した、食べごたえ満点のおにぎり。
低カロリーでビタミンB群が多いおぼろ豆腐のみそ汁は、大豆イソフラボンが
肌や髪をつややかに、あおさの水溶性食物繊維で腸内環境改善、お通じすっきりです。

⇒作り方は 48 ページ

ゴーヤチャンプルーおにぎり＋なすとトマトのみそ汁

ゴーヤのビタミンＣに、卵＆削り節のたんぱく質を合わせたスタミナ No.1 おにぎりです。
さっぱり味のみそ汁は、加熱すると吸収がアップするトマトのリコピンで
抗酸化作用は最強。漬けものは、唐辛子と香味野菜で血のめぐりがよくなります。

⇒作り方は 49 ページ

かぶの
キムチ風

高菜じゃこ炒めおにぎり + 鶏肉としいたけのみそ汁

ごはんの相棒・高菜漬けにじゃこをプラスした、食物繊維＆カルシウム豊富なおにぎり。
みそ汁は、高たんぱくな鶏むね肉でうまみを出しつつ、しいたけの食物繊維、
玉ねぎのオリゴ糖で善玉菌を増やして腸内を活性化。免疫力も上がります。

⇒作り方は 50 ページ

肉きんぴらおにぎり + 落とし卵とにらのみそ汁

ごはんにぴったりの甘辛く炒めたごぼうは、腸内善玉菌のエサとなり、お腹をすっきりと。
きんぴらのにんじんとみそ汁のにらのβ-カロテンで、免疫力も高めます。
みそ汁には卵を落とし、トリプトファンの働きで不眠を改善する効果も期待できます。

⇒作り方は 51 ページ

ポーク卵おにぎり

[材料] 2人分／2個

ポークランチョンミート … 1cm厚さ2枚 (約½缶・170g)

A ┃ しょうゆ … 大さじ½

　┃ 砂糖、みりん … 各小さじ1

B ┃ 卵 … 2個　　塩 … 少々

サラダ油 … 小さじ1

レタス (ちぎる) … 2枚

ごはん (温かいもの) … 茶碗2杯分 (300g)

焼きのり (縦半分に切る) … 全形1枚

[作り方]

1 フライパンにサラダ油を熱し、混ぜた**B**で中火でいり卵を作り、取り出す。フライパンをふき、ミートの両面を薄く焼き色がつくまで焼き、**A**をからめる。

2 ラップにのりをのせて塩少々 (分量外) をふり、ごはんの半量を広げ、手前半分にレタス⇒**1**⇒卵 (すべて半量ずつ) の順にのせ、半分にたたむ (p34)。

おぼろ豆腐とあおさのみそ汁

[材料] 2人分

おぼろ豆腐 (水けをきる) … 100g

あおさ (乾燥・さっと水にくぐらせ、水けを絞る)

　… 大さじ3 (5g)

だし汁 … 2カップ

みそ … 大さじ1〜1½

[作り方]

1 鍋にだし汁、豆腐を入れて火にかけ、煮立ったらみそを溶き入れ、あおさを加えて煮立つ直前に火を止める。

ゴーヤチャンプルーおにぎり

[材料] 2人分／2個

ゴーヤ（縦半分に切って種を除いて薄切りにし、塩小さじ½を
まぶして10分おき、さっと洗って水けを絞る）… ½本
A ｜ 塩、砂糖、しょうゆ … 各小さじ¼
　　｜ 削り節 … 3袋（6g）
B ｜ 卵 … 2個　　水 … 大さじ2　　塩 … 少々
サラダ油 … 小さじ1
ごはん（温かいもの）… 茶碗2杯分（300g）
焼きのり（縦半分に切る）… 全形1枚

[作り方]

1 フライパンにサラダ油を熱し、ゴーヤを中火で炒
め、しんなりしたら**A**を順にからめ、混ぜた**B**を
加えて卵に火が通るまで炒める。

2 ラップにのりをのせて塩少々（分量外）をふり、ご
はんの半量を広げ、手前半分に**1**の半量をのせ、
半分にたたむ（p34）。

なすとトマトのみそ汁

[材料] 2人分

なす（5mm幅の半月切り）… 1本
トマト（2cm幅のくし形切り）… 1個
だし汁 … 2カップ
みそ … 大さじ1〜1½

[作り方]

1 鍋にだし汁、なすを入れて火
にかけ、煮立ったらふたをし
て中火で2〜3分煮る。

2 トマトを加え、みそを溶き入
れ、煮立つ直前に火を止める。

かぶのキムチ風

[材料] 2人分

かぶ（皮ごと縦半分に切り、
　　縦5mm幅に切る）… 2個（160g）
かぶの葉（4cm幅に切る）… 1個分
塩 … 小さじ½
A ｜ 粗びき粉唐辛子、
　　｜ 　小えび（乾燥・すりつぶす）
　　｜ 　… 各大さじ1
　　｜ にんにく、しょうが（すりおろす）
　　｜ 　… 各小さじ⅓
　　｜ ナンプラー、砂糖
　　｜ 　… 各小さじ1

[作り方]

1 かぶ、かぶの葉は塩をふり、
しんなりしたら水けを絞り、
混ぜた**A**に加えてあえる。

高菜じゃこ炒めおにぎり

[材料] 2人分／2個

A 高菜漬け（4cm長さの細切り）… 大さじ3（40g）
　 ちりめんじゃこ … 大さじ3
赤唐辛子（小口切り）… 1本
ごま油 … 大さじ½
ごはん（温かいもの）… 茶碗2杯分（300g）
焼きのり（縦半分に切る）… 全形1枚

[作り方]

1 フライパンにごま油、赤唐辛子を入れて中火にかけ、香りが出たらAを加えて油が回るまで炒める。

2 ラップにのりをのせて塩少々（分量外）をふり、ごはんの半量を広げ、手前半分に**1**の半量をのせ、半分にたたむ（p34）。

鶏肉としいたけのみそ汁

[材料] 2人分

鶏むね肉（皮を除いて7〜8mm幅のそぎ切りにし、しょうがをからめる）… 小½枚（100g）
　 しょうが（すりおろす）… 小さじ1
生しいたけ（軸ごと縦に薄切り）… 3枚
玉ねぎ（薄切り）… ¼個
だし汁 … 2カップ
みそ … 大さじ1〜1½

[作り方]

1 鍋にだし汁、鶏肉、玉ねぎを入れて火にかけ、煮立ったらアクをとり、しいたけを加えてふたをして中火で3〜4分煮る。

2 みそを溶き入れ、煮立つ直前に火を止める。

肉きんぴらおにぎり

[材料] 2人分／2個

豚薄切り肉 (細切り) … 5枚 (100g)
ごぼう (皮ごと斜め薄切りにし、細切り) … 1/3本 (50g)
にんじん (皮ごと斜め薄切りにし、細切り) … 1/3本
A｜しょうゆ、酒 … 各小さじ2
　｜砂糖、みりん … 各小さじ1
サラダ油 … 小さじ1
ごはん (温かいもの) … 茶碗2杯分 (300g)
焼きのり (縦半分に切る) … 全形1枚

[作り方]

1 フライパンにサラダ油を熱し、ごぼう、にんじんを中火で炒め、しんなりしたら豚肉を加えて色が変わるまで炒め、**A**を加えて汁けがなくなるまで炒める。

2 ラップにのりをのせて塩少々 (分量外) をふり、ごはんの半量を広げ、手前半分に**1**の半量をのせ、半分にたたむ (p34)。

落とし卵とにらのみそ汁

[材料] 2人分

卵 … 2個
にら (2cm幅に切る) … 1束
だし汁 … 2カップ
みそ … 大さじ1〜1 1/2

[作り方]

1 鍋にだし汁を入れて火にかけ、煮立ったら卵を割り入れ、ふたをしないで白っぽく固まったらみそを溶き入れ (卵をくずさないように)、にらを加えて煮立つ直前に火を止める。

ハムチーズおにぎり＋コーンとマッシュルームの豆乳汁

定番のサンドイッチの具は、ごはんとも相性抜群。カルシウム豊富で吸収もいいチーズで
骨密度をアップさせます。豆乳と白みそ入りのクリーミーなみそ汁は、
コーンとマッシュルームの食物繊維が腸を整え、大豆イソフラボンで美肌作りも。

⇒作り方は 56 ページ

チャーシューおにぎり + 豆苗ときくらげのみそ汁

ボリューム満点のチャーシューおにぎりのピーマン、みそ汁の豆苗でビタミンCを強化、
抗酸化作用を高めて健康肌を手に入れます。ビタミンDと食物繊維含有量トップクラスの
きくらげは、骨を強化しつつお通じを改善。女性にうれしいセットです。

⇒作り方は 57 ページ

豚キムチおにぎり＋えのきとズッキーニのみそ汁

発酵食品のキムチで腸活、万能ねぎのアリシンが豚肉のビタミンB₁の吸収をうながし、
疲れを回復させるおにぎりです。食物繊維たっぷりのえのきのみそ汁は、
ズッキーニのカリウムで余分な塩分を出し、むくみがすっきりする効果もあります。

⇒作り方は58ページ

鶏ごぼう青じそおにぎり ＋ あさりとわかめのみそ汁

甘辛く味つけした鶏肉は、ひき肉を使ってたんぱく質の消化吸収をスムーズに。
水溶性＆不溶性食物繊維が含まれるごぼうで、腸の掃除も。あさりのだしが香るみそ汁は、
鉄とビタミン B_{12} が貧血を、タウリンで二日酔いも予防します。

⇒作り方は 59 ページ

ハムチーズおにぎり

[材料] 2人分／4切れ

ロースハム … 4枚

スライスチーズ … 2枚

レタス（ごはんの大きさに合わせてちぎる）… 2枚

ごはん（温かいもの）… 茶碗2杯分（300g）

焼きのり … 全形2枚

[作り方]

1　ラップにのりをのせて塩少々（分量外）をふり、まん中にごはんの¼量⇒レタス、ハム、チーズ（すべて半量ずつ）⇒ごはんの¼量の順にのせる。

2　のりで包み、半分に切る（p35）。

コーンとマッシュルームの豆乳汁

[材料] 2人分

とうもろこし（実を削ぐ）… ½本（正味50g）

マッシュルーム（薄切り）… ½パック（50g）

豆乳（成分無調整のもの）… 2カップ

白みそ … 大さじ1½

[作り方]

1　鍋に豆乳、とうもろこし、マッシュルームを入れて火にかけ、煮立ったらふたをしないで弱火で3分煮る。

2　みそを溶き入れ、煮立つ直前に火を止める。

チャーシューおにぎり

[材料] 2人分／4切れ

市販のチャーシュー … 1cm厚さ2枚
ピーマン（横に細切り）… 4個
A ｜ 塩、こしょう … 各少々
ごま油 … 大さじ½
ごはん（温かいもの）… 茶碗2杯分（300g）
焼きのり … 全形2枚

[作り方]

1 フライパンにごま油を熱し、ピーマンを中火で炒め、しんなりしたら**A**をふる。

2 ラップにのりをのせて塩少々（分量外）をふり、まん中にごはんの¼量⇒チャーシュー、**1**（半量ずつ）⇒ごはんの¼量の順にのせる。のりで包み、半分に切る（p35）。

豆苗ときくらげのみそ汁

[材料] 2人分

豆苗（長さを3等分に切る）… ½袋
きくらげ（乾燥・水につけて戻し、ひと口大に切る）
　　 … 大さじ1（5g）
だし汁 … 2カップ
みそ … 大さじ1〜1½

[作り方]

1 鍋にだし汁、きくらげを入れて火にかけ、煮立ったらふたをして中火で1〜2分煮る。

2 豆苗を加え、再び煮立ったらみそを溶き入れ、煮立つ直前に火を止める。

豚キムチおにぎり

[材料] 2人分／4切れ

豚薄切り肉 … 8枚 (150g)

白菜キムチ … ⅓カップ (70g)

ごま油 … 大さじ½

万能ねぎ (10cm長さに切る) … 5本

ごはん (温かいもの) … 茶碗2杯分 (300g)

焼きのり … 全形2枚

[作り方]

1 フライパンにごま油を熱し、キムチを中火で炒め、油が回ったら肉を広げて加え、色が変わるまで炒める。

2 ラップにのりをのせて塩少々 (分量外) をふり、まん中にごはんの¼量⇒**1**、万能ねぎ (半量ずつ) ⇒ごはんの¼量の順にのせる。のりで包み、半分に切る (p35)。

えのきとズッキーニのみそ汁

[材料] 2人分

えのきだけ (長さを3等分に切り、ほぐす) … 1袋 (100g)

ズッキーニ (1cm幅の輪切り) … ½本

だし汁 … 2カップ

みそ … 大さじ1～1½

[作り方]

1 鍋にだし汁、えのき、ズッキーニを入れて火にかけ、煮立ったらふたをして中火で2～3分煮る。

2 みそを溶き入れ、煮立つ直前に火を止める。

鶏ごぼう青じそおにぎり

[材料] 2人分／4切れ

鶏ひき肉 … 100g

ごぼう (皮ごとささがき) … ⅓本 (50g)

A ｜ しょうゆ … 大さじ1　砂糖、みりん … 各大さじ½

サラダ油 … 大さじ½

青じそ … 6枚

ごはん (温かいもの) … 茶碗2杯分 (300g)

焼きのり … 全形2枚

[作り方]

1 フライパンにサラダ油を熱し、ごぼうを強火で炒め、しんなりしたらひき肉を加えて色が変わるまで炒め、**A**を加えて汁けがなくなるまで炒める。

2 ラップにのりをのせて塩少々 (分量外) をふり、まん中にごはんの¼量⇒青じそ、**1** (半量ずつ) ⇒ごはんの¼量の順にのせる。のりで包み、半分に切る (p35)。

あさりとわかめのみそ汁

[材料] 2人分

あさり (砂抜きしたもの・よく洗う) … 1パック (150g)＊

カットわかめ (乾燥・水につけて戻し、水けを絞る)
　… 大さじ2

A ｜ 水 … 2カップ
　　｜ 酒 … 大さじ2
　　｜ 昆布 … 3cm角1枚

みそ … 大さじ1〜1½

＊あさりの砂出しのしかたは、塩水 (水1カップ＋塩小さじ1) にあさりを入れ、冷暗所に2時間おく

[作り方]

1 鍋に**A**、あさりを入れて火にかけ、煮立ったらアクをとり、ふたをしないで中火で2〜3分煮る。

2 わかめを加え、みそを溶き入れ、煮立つ直前に火を止める。

レンチンで！ おにぎりに混ぜておいしい **作りおき①**

＊日持ちは冷蔵室で約1週間（いかくん セロリは3〜4日）、冷凍室で約1か月
＊すべてごはん茶碗軽く8杯分（800g）

しば漬けじゃこ

[材料] 4人分／おにぎり8個

しば漬け（みじん切り） … ½カップ（70g）
ちりめんじゃこ … ¾カップ（50g）
白いりごま … 大さじ4

[作り方]

1 耐熱ボウルに材料をすべて混ぜ、ラップをか
けずに電子レンジで4分加熱する。

野沢菜桜えび

[材料] 4人分／おにぎり8個

野沢菜漬け（みじん切り） … ¾カップ（100g）
桜えび（乾燥） … 大さじ6（15g）
黒いりごま … 大さじ4

[作り方]

1 耐熱ボウルに材料をすべて混ぜ、ラップをか
けずに電子レンジで3分加熱する。

いかくんセロリ

[材料] 4人分／おにぎり8個

いかのくんせい（みじん切り） … 30g
A セロリ（茎は薄い小口切り、葉は細切り）
… 1½本（150g）
みりん … 小さじ2
塩… 小さじ1
レモン汁 … 大さじ1

[作り方]

1 耐熱ボウルに**A**を混ぜ、ラップをかけずに電
子レンジで3分加熱し、いかくん、レモン汁
を加えてあえ、汁けを軽く絞る。

梅ひじき
おかひじき

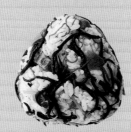

[材料] 4人分／おにぎり8個

カリカリ梅（実を削ぎ、種を除く） … 20個
A 芽ひじき（乾燥・水につけて戻し、水けをきる）
… 大さじ3
おかひじき（3cm幅に切る）
… 1パック（80g）
しょうゆ、みりん … 各大さじ1
削り節 … 2袋（4g）

[作り方]

1 耐熱ボウルに**A**を混ぜ、ラップをかけずに電
子レンジで3分加熱⇒カリカリ梅、削り節を
混ぜ、2分加熱する。

3

からだ整え
スタミナおにぎりとみそ汁

肉や魚、卵、チーズなどのたんぱく質がしっかりとれるおにぎりに、
緑黄色野菜やきのこ、根菜類たっぷりのみそ汁を合わせました。
みそ汁の食物繊維で腸内環境を整え、たんぱく質の吸収をよくするのがポイント。
スタミナアップして元気が出つつ、免疫力も上がって体力保持に役立ちます。

サラダチキンマヨおにぎり + パプリカとトマトのみそ汁

疲労回復成分・イミダペプチドを多く含む鶏むね肉のサラダチキンは、レンチンで手軽に。
ごま入りマヨであえれば、若返りビタミン＝ビタミンEも摂取できてコクのある味わいです。
みそ汁のパプリカの豊かな β-カロテン、トマトのリコピンの強力な抗酸力で、美肌作りと老化防止も。

⇒作り方は 68 ページ

枝豆チーズおにぎり＋豚肉とさつまいものみそ汁

枝豆＝植物性、チーズ＝動物性、両方のたんぱく質を同時にとって吸収を高め、
筋肉強化と肌を丈夫に。みそ汁の玉ねぎは、加熱しすぎないことでアリシンがより働き、
豚肉のビタミンB_1の吸収率が向上、疲労感をとってくれます。

⇒作り方は 69 ページ

たらこいり卵おにぎり＋さば缶とじゃがいものみそ汁

ともに幸せホルモン・セロトニンを作るたらこと卵入りおにぎりは、不眠にも効果が。
トップクラスの DHA、EPA を含み、骨ごと食べられてカルシウム豊富なさば缶は、
汁ごとみそ汁に使って残らず栄養を摂取。漬けもののキャベツのビタミンUが消化を助けます。

⇒作り方は 70 ページ

キャベツ
塩昆布漬け

鶏玉おにぎり + 長いもとみつばのみそ汁

鶏肉と卵を甘辛く味つけした、動物性たんぱく質がしっかりとれるおにぎりです。
みそ汁は、長いものぬめり成分が胃腸の粘膜を守り、ジアスターゼが消化をスムーズにしつつ、
栄養の吸収を向上。疲労を回復して滋養強壮に役立ちます。

⇒作り方は71ページ

ハムカマンベールおにぎり＋かぼちゃのトマトみそ汁

発酵食品のカマンベールはカルシウムを豊富に含み、セレンによる美肌効果も。
みそ汁にはビタミンA・C・E（エース）がそろったかぼちゃを加え、
トマトのリコピンの強い抗酸化作用とともに免疫力をアップ、さびないからだに。

⇒作り方は72ページ

うなぎきゅうりおにぎり + ごぼうとしいたけのみそ汁

スタミナ食材の代表であるうなぎは、豊富なビタミンA・Eが目や粘膜を健康に、
ウイルスや細菌からからだを守り、ビタミンB₁・B₂で滋養強壮と疲労回復も。
食物繊維ぎっしりのみそ汁が腸内環境を整え、栄養の吸収を底上げします。

⇒作り方は73ページ

サラダチキンマヨおにぎり

[材料] 2人分／4個

A｜鶏むね肉（皮を除く）
　　　… 小1枚（200g）
　｜酒 … 大さじ1
　｜砂糖、しょうがの絞り汁
　　　… 各小さじ1
　｜塩 … 小さじ½
B｜マヨネーズ … 大さじ1
　｜白すりごま … 大さじ½
青じそ … 4枚
ごはん（温かいもの）
　　　… 茶碗軽く4杯分（400g）
焼きのり … 3切4枚

[作り方]

1 ポリ袋にAを入れてからめ、空気を抜いて口を結び、冷蔵室で10分以上～ひと晩おく。室温に戻して耐熱皿に汁ごとのせ、ラップをかけて電子レンジで3分加熱してそのまま冷まし、さいてBを混ぜる。

2 ごはんを4等分し、青じそ、1を¼量ずつ包み（上にのせる分を少し残す）、塩水（p9）を手につけて三角ににぎり、のりを巻く。残りの1をのせる。

鶏肉は調味料をからめたら冷蔵室で10分以上（できればひと晩）おき、加熱後はそのまま冷ますことで、しっとりやわらかく仕上がる。

パプリカとトマトのみそ汁

[材料] 2人分

パプリカ（黄・縦4等分に切り、横1cm幅に切る）
　　　… 1個
トマト（1.5cm幅のくし形切り）… 1個
だし汁 … 2カップ
みそ … 大さじ1～1½

[作り方]

1 鍋にだし汁を入れて火にかけ、煮立ったらパプリカ、トマトを加え、ふたをして中火で1～2分煮る。

2 みそを溶き入れ、煮立つ直前に火を止める。

枝豆チーズおにぎり

[材料] 2人分／4個

枝豆 (ゆでてさやから出したもの) … ¾ カップ (120g)
プロセスチーズ (7〜8mm角に切る) … 40g
ごはん (温かいもの) … 茶碗 4 杯分 (500g)

[作り方]

1 ボウルに材料をすべて入れてさっくり混ぜ、4等分し、塩水 (p9) を手につけて三角ににぎる。

豚肉とさつまいものみそ汁

[材料] 2人分

豚薄切り肉 (長さを4等分に切る) … 5 枚 (100g)
さつまいも (皮ごと1cm幅の半月切りにし、水にさらす)
　 … ½ 本 (100g)
玉ねぎ (薄切り) … ¼ 個
だし汁 … 2カップ
みそ … 大さじ 1 〜 1½

[作り方]

1 鍋にだし汁、豚肉 (ほぐして)、さつまいもを入れて火にかけ、煮立ったらアクをとり、ふたをして中火で5〜6分煮る。

2 玉ねぎを加え、みそを溶き入れ、煮立つ直前に火を止める。

たらこいり卵おにぎり

[材料] 2人分／4個

A ｜ たらこ (薄皮ごとちぎる)
　　… ½腹 (1本・40g)
　｜ 酒 … 小さじ1
卵 … 2個
バター … 5g
ごはん (温かいもの) … 茶碗4杯分 (500g)

[作り方]

1 フライパンにAを入れて混ぜ、バター、卵 (割り入れて) を加えて混ぜ、中火にかけていり卵を作る。

2 ボウルにごはん、1を入れてさっくり混ぜ、4等分し、塩水 (p9) を手につけて三角ににぎる。

さば缶と
じゃがいものみそ汁

[材料] 2人分

さば水煮缶 … 1缶 (180g)
じゃがいも (1.5cm幅のいちょう切りにし、さっと洗う) … 1個 (120g)
水 … 2カップ
みそ … 大さじ1〜1½
万能ねぎ (小口切り) … 2本

[作り方]

1 鍋にさば缶 (汁ごと)、じゃがいも、水を入れて火にかけ、煮立ったらふたをしないで中火で5〜6分煮る。

2 みそを溶き入れ、煮立つ直前に火を止め、器に盛って万能ねぎをのせる。

キャベツ塩昆布漬け

[材料] 2人分

キャベツ (4cm長さの細切り)
　… 2枚 (100g)
A ｜ 塩昆布 … 大さじ1 (5g)
　｜ レモン汁 (または酢) … 小さじ1
　｜ 塩 … 少々

[作り方]

1 ポリ袋に材料をすべて入れて混ぜ、空気を抜いて口を結び、30分以上おく。

鶏玉おにぎり

[材料] 2人分／4個

A 鶏もも肉 (皮つき・1.5cm角に切る) … 小 ½ 枚 (125g)
　しょうゆ、酒 … 各大さじ1
　砂糖、みりん … 各大さじ ½
　しょうが (すりおろす) … 小さじ1
卵 … 2個
ごはん (温かいもの) … 茶碗軽く4杯分 (400g)
刻みのり … 適量

[作り方]

1 フライパンに A を入れて中火にかけ、混ぜながら火を通し、汁けが少なくなったら溶いた卵を回し入れ、卵に火が通るまで炒める。

2 ボウルにごはん、**1** を入れてさっくり混ぜ、4等分し、塩水 (p9) を手につけて三角ににぎり、刻みのりをのせる。

長いもとみつばのみそ汁

[材料] 2人分

長いも (皮ごと1cm幅の輪切り) … 10cm (200g)
みつば (葉を取り分け、茎は1cm幅に切る) … ¼ 袋 (20g)
だし汁 … 2カップ
みそ … 大さじ1～1½

[作り方]

1 鍋にだし汁、長いもを入れて火にかけ、煮立ったらふたをして中火で3～4分煮る。

2 みそを溶き入れ、みつばの茎を加え、煮立つ直前に火を止める。器に盛り、みつばの葉をのせる。

ハムカマンベールおにぎり

[材料] 2人分／4個

ロースハム（粗みじん切り）… 4枚
カマンベールチーズ（縦4等分に切る）… 1個（90g）
ごはん（温かいもの）… 茶碗軽く4杯分（400g）
黒こしょう … 少々

[作り方]

1 ボウルにごはん、ハムを入れてさっくり混ぜ、4等分し、チーズを1切れずつ包んで塩水（p9）を手につけて三角ににぎり、黒こしょうをふる。

かぼちゃのトマトみそ汁

[材料] 2人分

かぼちゃ（1.5cm角に切る）… 1/10 個（160g）
レタス（3cm角に切る）… 3枚
トマトジュース（食塩無添加のもの）… 2カップ
みそ … 大さじ1〜1½

[作り方]

1 鍋にトマトジュース、かぼちゃを入れて火にかけ、煮立ったらふたをして弱火で6〜7分煮る。

2 レタスを加え、みそを溶き入れ、煮立つ直前に火を止める。

うなぎきゅうりおにぎり

[材料] 2人分／4個

市販のうなぎのかば焼き … 1尾分 (100g)

| きゅうり（薄い小口切りにして塩をふり、
| しんなりしたら水けを絞る）… ½ 本

| 塩 … 2つまみ

金いりごま（または白いりごま）… 大さじ1

ごはん（温かいもの）… 茶碗軽く4杯分 (400g)

[作り方]

1 耐熱皿にうなぎをのせ、ラップをかけて電子レンジで1分加熱し、細切りにする。

2 ボウルに**1**、残りの材料を入れてさっくり混ぜ、4等分し、塩水 (p9) を手につけて三角ににぎる。

ごぼうとしいたけのみそ汁

[材料] 2人分

ごぼう（皮ごとささがき）… ⅓ 本 (50g)

生しいたけ（軸ごと縦4等分に切る）… 4枚

だし汁 … 2カップ

みそ … 大さじ1 〜 1½

万能ねぎ（斜め薄切り）… 1本

[作り方]

1 鍋にだし汁、ごぼう、しいたけを入れて火にかけ、煮立ったらふたをして中火で2〜3分煮る。

2 みそを溶き入れ、煮立つ直前に火を止め、器に盛って万能ねぎをのせる。

ガリバタサーモンおにぎり＋えびとセロリのみそ汁

おにぎりにはサーモン、みそ汁にはえびを加え、アスタキサンチンとタウリンが
抗酸化と疲労回復に作用。ガーリックバターのにんにくが、滋養強壮に役立ちます。
セロリの食物繊維で腸活しつつ、特有の香りは食欲を増進させる効果もあります。

ガリバタサーモンおにぎり

[材料] 2人分／4個

サーモンの切り身 (皮と骨を除いて2cm幅に切り、塩小さじ½をまぶして10分おき、
　水けをふいてこしょう、小麦粉各少々の順にふる) … 2枚 (200g)　　＊生鮭でもOK

A | しょうゆ … 小さじ1
　 | バター … 10g
B | にんにく (薄切り) … 1かけ
　 | オリーブ油 … 大さじ½
ごはん (温かいもの) … 茶碗軽く4杯分 (400g)
焼きのり (縦4等分に切る) … 全形1枚

[作り方]

1 フライパンに**B**を入れて弱火にかけ、薄く色づいたら取り出す。続けて
サーモンを入れて中火で両面をこんがり焼き、脂をふいて**A**をからめる。

2 ごはんを4等分し、**1**のサーモン (汁ごと)、にんにく (上にのせる分
を少し残す) を¼量ずつ包み、塩水 (p9) を手につけて三角ににぎり、
のりを巻く。残りのにんにく、バター (分量外) をのせる。

えびとセロリのみそ汁

[材料] 2人分

むきえび (背ワタを除く) … 10尾 (100g)
セロリ (4cm長さの細切り) … ½本
だし汁 … 2カップ
みそ … 大さじ1～1½

[作り方]

1 鍋にだし汁、えび、セロリを入れて火に
かけ、煮立ったらアクをとり、ふたをし
ないで中火で1～2分煮る。

2 みそを溶き入れ、煮立つ直前に火を止
める。

豚肉担々おにぎり＋かぶとしめじのみそ汁

担々麺風味のピリ辛おにぎりは、にんにくと万能ねぎが豚肉のビタミンB₁吸収を手助けし、
スタミナをアップさせます。みそ汁は、しじみの5倍ものオルニチンを含むしめじが
肝臓の働きを活性化、睡眠改善も。かぶの葉のビタミンCとβ-カロテンで疲れにくいからだに。

豚肉担々おにぎり

[材料] 2人分／4個

豚薄切り肉 (2cm幅に切る) … 8枚 (150g)

A｜みそ、酒 … 各小さじ2
　｜砂糖、豆板醤、にんにく、しょうが (すりおろす)
　｜　… 各小さじ1

白すりごま … 大さじ1

万能ねぎ (小口切り) … 2本

ごはん (温かいもの) … 茶碗軽く4杯分 (400g)

[作り方]

1 フライパンにA、豚肉の順に入れて混ぜ、中火にかけてほぐしながら色が変わるまで炒め、すりごまを混ぜる。

2 ボウルにごはん、1、万能ねぎを入れてさっくり混ぜ、4等分し、塩水 (p9) を手につけて三角ににぎる。

かぶとしめじのみそ汁

[材料] 2人分

かぶ (皮ごと1.5cm幅のくし形切り) … 2個 (160g)

かぶの葉 (3cm幅に切る) … 1個分

しめじ (ほぐす) … ½パック (50g)

だし汁 … 2カップ

みそ … 大さじ1〜1½

[作り方]

1 鍋にだし汁、かぶ、しめじを入れて火にかけ、煮立ったらふたをして中火で2〜3分煮、かぶの葉を加えてさらに1分煮る。

2 みそを溶き入れ、煮立つ直前に火を止める。

カレー鶏そぼろおにぎり＋ブロッコリーの牛乳みそ汁

すりおろし香味野菜を加えたふっくらそぼろおにぎりで、たんぱく質を効率よく摂取。
牛乳入りのみそ汁は、ブロッコリーのビタミンＣがカルシウムの吸収をよくして骨を強化。
箸休めのピクルスの紫玉ねぎのアリシンで、疲労回復効果も高まります。

紫玉ねぎの
ピクルス

カレー鶏そぼろおにぎり

[材料] 2人分／4個

A 鶏ひき肉 … 150g
玉ねぎ (すりおろす) … ⅙個
にんじん (皮ごとすりおろす) … ¼本
セロリ (すりおろす) … ¼本
カレー粉、ケチャップ、
　白ワイン (または酒) … 各大さじ1
塩 … 小さじ½
ごはん (温かいもの) … 茶碗軽く4杯分 (400g)

[作り方]

1 フライパンに**A**を入れてよく混ぜ、中火に
かけて汁けがなくなるまで炒める。

2 ボウルにごはん、**1**を入れてさっくり混ぜ、
4等分し、塩水 (p9) を手につけて三角に
にぎり、セロリの葉 (分量外) をのせる。

ブロッコリーの
牛乳みそ汁

[材料] 2人分

ブロッコリー (小房に分け、茎は皮をむいて
　1cm幅の輪切り) … ⅓株 (120g)
エリンギ (ひと口大の薄切り)
　… 1パック (100g)
牛乳 … 2カップ
白みそ … 大さじ1½

[作り方]

1 鍋に牛乳、ブロッコリー、エリン
ギを入れて火にかけ、煮立ったら
ふたをしないで弱火で2分煮る。

2 みそを溶き入れ、煮立つ直前に火
を止める。

紫玉ねぎのピクルス

[材料] 2人分

紫玉ねぎ (2cm角に切る) … ¼個
白ワインビネガー (または酢)、
　砂糖 … 各大さじ1
塩 … 小さじ⅓
水 … 大さじ½

[作り方]

1 ポリ袋に材料をすべて入れて
混ぜ、空気を抜いて口を結び、
30分以上おく。

エスニックそぼろおにぎり＋カリフラワーの豆乳みそ汁

吸収のいいひき肉でたんぱく質をとりつつ、トマトのリコピンの強い抗酸化作用で老化を防止。
みそ汁は、カリフラワーのビタミンCが小えびのカルシウム吸収を促進、
豆乳の大豆イソフラボンの力でイライラや不眠、肌荒れ、骨粗しょう症対策もできます。

エスニックそぼろおにぎり

[材料] 2人分／4個

A｜合びき肉 … 150g
　｜にんにく (みじん切り) … 1かけ
　｜ナンプラー … 小さじ2
　｜オイスターソース、砂糖 … 各小さじ1
　｜黒こしょう … 少々
　｜パクチーの根 (あれば・みじん切り) … 2株分
トマト (種を除いて1cm角に切り、水けをふく) … ¼ 個
ごはん (温かいもの) … 茶碗軽く4杯分 (400g)

[作り方]

1 フライパンに**A**を入れてよく混ぜ、中火にかけて汁けがなくなるまで炒める。

2 ボウルにごはん、**1**、トマトを入れてさっくり混ぜ、4等分し、塩水 (p9) を手につけて三角ににぎる。

カリフラワーの豆乳みそ汁

[材料] 2人分

カリフラワー (小房に分ける) … ⅓ 株 (正味120g)
パクチー (葉を少し取り分け、残りは1cm幅に切る) … 2株
小えび (乾燥) … 大さじ2
豆乳 (成分無調整のもの) … 2カップ
白みそ … 大さじ1½

[作り方]

1 鍋に豆乳、カリフラワー、小えびを入れて火にかけ、煮立ったらふたをしないで弱火で2分煮る。

2 みそを溶き入れ、刻んだパクチーを加え、煮立つ直前に火を止める。器に盛り、パクチーの葉をのせる。

レンチンで！ おにぎりに混ぜておいしい 作りおき②

＊日持ちは冷蔵室で約1週間（鶏ひき高菜しょうが、塩さばねぎ黒こしょうは3〜4日）、冷凍室で約1か月

＊すべてごはん茶碗軽く8杯分（800g）

コンビーフ にんじんカレー

［材料］4人分／おにぎり8個

コンビーフ … 1缶（90g）
にんじん（皮ごと3cm長さの細切り）… 1本
セロリ（3cm長さの細切り）… ½本
A｜カレー粉、ケチャップ … 各大さじ1
　｜白ワイン（または酒）… 小さじ2
　｜しょうゆ … 小さじ1

［作り方］

1 耐熱ボウルにAを混ぜ、残りの材料を加え（コンビーフはほぐして）、ラップをかけずに電子レンジで4分加熱して混ぜる。

豚ひき みそ青ねぎ

［材料］4人分／おにぎり8個

A｜豚ひき肉 … 200g
　｜しょうが（皮ごとみじん切り）… 2かけ
　｜みそ … 大さじ4
　｜酒 … 大さじ2
　｜砂糖、みりん … 各大さじ1
B｜白すりごま … 大さじ2
　｜万能ねぎ（小口切り）… 5本

［作り方］

1 耐熱ボウルにAを混ぜ、ラップをかけずに電子レンジで6分加熱して混ぜ⇒3分加熱してBを混ぜる。

鶏ひき 高菜しょうが

［材料］4人分／おにぎり8個

A｜鶏ひき肉 … 150g
　｜酒、みりん … 各大さじ½
　｜しょうゆ … 小さじ1
高菜漬け（みじん切り）… ½カップ強（100g）
しょうが（皮ごと細切り）… 1かけ

［作り方］

1 耐熱ボウルにAを混ぜ、高菜、しょうがをのせ、ラップをかけずに電子レンジで5分加熱して混ぜ⇒2分加熱する。

塩さばねぎ 黒こしょう

［材料］4人分／おにぎり8個

塩さば（三枚おろし・皮と骨を除き、3m角に切る）
　… ½尾分（150g）
酒 … 大さじ½
長ねぎ（小口切り）… ½本
黒こしょう … 小さじ1

［作り方］

1 耐熱ボウルにさばを入れて酒をふり、ラップをかけずに電子レンジで4分加熱⇒長ねぎを加えて2分加熱し、黒こしょうをふってほぐしながら混ぜる。

4

からだ整え
頭しゃっきりおにぎりとみそ汁

中高年の方の記憶力回復＝脳活や、勉強で忙しい受験生にもおすすめの献立です。
おにぎりのごはんの糖質は、脳の格好のエネルギー源。これに脳を活性化させる
青魚のDHAとEPA、脳の酸化を防ぐビタミンE豊富なナッツ、記憶力を高める
卵や大豆のレシチンを合わせます。食物繊維を補い、吸収をよくするのもコツです。

しらす卵おにぎり＋キャベツとにんじんのみそ汁

カルシウムたっぷりのしらすのおにぎりには卵を加え、レシチンの働きで
脳の記憶力や伝達力を改善します。みそ汁のキャベツの食物繊維で吸収率をアップ、
仕上げのオリーブ油がにんじんのβ-カロテンの吸収を高め、細胞を健康に。

⇒作り方は 88 ページ

春菊アーモンドおにぎり+さば缶とごぼうのみそ汁

β-カロテン豊富で抗酸化作用が高い春菊のおにぎりは、老化防止に効果大。
ビタミンEを多く含むアーモンドが、血液や脳のめぐりをよくしてくれます。
みそ汁は、さば缶のDHAとEPAが脳を活性化、わかめとごぼうの食物繊維で吸収をよく。

⇒作り方は89ページ

大豆小松菜おにぎり＋鮭とパプリカのみそ汁

記憶力をよくする大豆のレシチンに、小松菜の鉄とカルシウムで、神経細胞の働きを
スムーズにしたおにぎりです。みそ汁の鮭のアスタキサンチンが、脳の老化をストップ。
パプリカの多量なβ-カロテンを合わせ、さびないからだと脳を作ります。

⇒作り方は90ページ

さんま缶青じそおにぎり＋なめことオクラのみそ汁

さんまの DHA と EPA が脳を元気に、β-カロテン＆ビタミンＣの宝庫の青じそを
どっさり加えることで細胞を若返らせ、脳の働きをスムーズにするおにぎりです。
みそ汁は、なめことオクラのダブルの食物繊維が腸内環境を整え、栄養の吸収を高めます。

⇒作り方は 91 ページ

しらす卵おにぎり

[材料] 2人分／4個

しらす … 大さじ4

A ｜ 卵 … 2個
　｜ 塩 … 少々

ごはん（温かいもの）… 茶碗軽く4杯分（400g）

[作り方]

1. フライパンに**A**を入れて溶きほぐし、中火にかけていり卵を作り、しらすを混ぜる。

2. ボウルにごはん、1を入れてさっくり混ぜ、4等分し、塩水（p9）を手につけて三角ににぎる。

キャベツとにんじんのみそ汁

[材料] 2人分

キャベツ（5cm長さの細切り）… 4枚

にんじん（皮ごと細切り）… 1/3本

だし汁 … 2カップ

みそ … 大さじ1〜1½

オリーブ油 … 小さじ1

[作り方]

1. 鍋にだし汁、キャベツ、にんじんを入れて火にかけ、煮立ったらふたをして中火で2分煮る。

2. みそを溶き入れ、煮立つ直前に火を止め、器に盛ってオリーブ油をかける。

春菊アーモンドおにぎり

[材料] 2人分／4個

春菊 … 小1束 (150g)
A ┃ カットわかめ (乾燥・水につけて戻し、
　　水けを絞ってざく切り) … 大さじ1
　┃ しょうゆ … 小さじ1
　┃ 塩 … 小さじ⅓
アーモンド (ホール・粗く刻む) … 20粒
ごはん (温かいもの) … 茶碗軽く4杯分 (400g)

[作り方]

1 春菊は熱湯でさっとゆで、粗熱がとれたら
みじん切りにして水けを絞り、**A**とともに
フライパンに入れ、中火にかけて汁けがな
くなるまで炒める。

2 ボウルにごはん、**1**、アーモンドを入れて
さっくり混ぜ、4等分し、塩水 (p9) を手
につけて三角ににぎる。

さば缶とごぼうのみそ汁

[材料] 2人分

さば水煮缶 … 1缶 (180g)
ごぼう (皮ごと斜め薄切り) … ⅓本 (50g)
水 … 2カップ
みそ … 大さじ1〜1½
しょうが (すりおろす) … 大さじ1

[作り方]

1 鍋にさば缶 (汁ごと)、ごぼう、水を入れて
火にかけ、煮立ったらふたをしないで中火
で5分煮る。

2 みそを溶き入れ、煮立つ直前に火を止め、
器に盛ってしょうがをのせる。

大豆小松菜おにぎり

[材料] 2人分／4個

A｜ゆで大豆 … ½カップ（50g）
｜小松菜（小口切り）… 3株（150g）
｜削り節 … 2袋（4g）
｜しょうゆ、みりん … 各小さじ1
ごはん（温かいもの）… 茶碗軽く4杯分（400g）

[作り方]

1 フライパンにAを入れ、中火にかけて汁けがなくなるまで炒める。

2 ボウルにごはん、1を入れてさっくり混ぜ、4等分し、塩水（p9）を手につけて三角ににぎる。

鮭とパプリカのみそ汁

[材料] 2人分

甘塩鮭の切り身（2cm幅に切る）… 2枚（200g）
パプリカ（赤・ひと口大の乱切り）… 1個
A｜だし汁 … 2カップ
｜酒 … 大さじ1
みそ … 大さじ1〜1½

[作り方]

1 鍋にA、鮭を入れて火にかけ、煮立ったらアクをとり、ふたをしないで中火で5分煮る。

2 パプリカを加え、みそを溶き入れ、煮立つ直前に火を止める。

さんま缶青じそおにぎり

[材料] 2人分／4個

さんまかば焼き缶 (汁けをきる) … 1缶 (100g)
A｜青じそ (せん切り) … 20枚
　｜金いりごま (または白いりごま) … 大さじ2
ごはん (温かいもの) … 茶碗軽く4杯分 (400g)

[作り方]

1 ボウルにごはん、**A**を入れてさっくり混ぜ、4等分し、さんま缶を¼量ずつ包み、塩水 (p9) を手につけて三角ににぎる。

なめことオクラのみそ汁

[材料] 2人分

なめこ … 1袋 (100g)
オクラ (ガクをむき、小口切り) … 6本
だし汁 … 2カップ
みそ … 大さじ1〜1½

[作り方]

1 鍋にだし汁を入れて火にかけ、煮立ったら中火にしてみそを溶き入れ、なめこ、オクラを加えて煮立つ直前に火を止める。

鶏みそくるみおにぎり+厚揚げとアスパラのみそ汁

ごはんの友・みそ味の鶏そぼろの豊富なたんぱく質に、くるみのビタミンEの抗酸化作用で、
脳のめぐりがよくなるおにぎりです。高たんぱくの厚揚げ入りみそ汁には、
アスパラのアスパラギン酸で疲労回復力をプラス。からだ全体の働きがよくなります。

鶏みそくるみおにぎり

[材料] 2人分／4個

A｜ 鶏ひき肉 … 100g
　｜ 酒 … 大さじ1
B｜ 長ねぎ (みじん切り) … 1/3本
　｜ みそ … 小さじ2
くるみ (粗く刻む) … 1/4 カップ (25g)
ごはん (温かいもの) … 茶碗軽く4杯分 (400g)
焼きのり (縦4等分に切る) … 全形1枚

[作り方]

1 フライパンに A、B の順に入れて混ぜ、中火にかけて汁けがなくなるまで炒め、くるみを混ぜる。

2 ごはんを4等分し、**1** を1/4 量ずつ包み (上にのせる分を少し残す)、塩水 (p9) を手につけて三角ににぎり、のりを巻く。残りの **1** をのせる。

厚揚げとアスパラのみそ汁

[材料] 2人分

厚揚げ (水けをふき、1cm幅のひと口大に切る) … 1枚 (150g)
グリーンアスパラ (下のかたい皮をむき、3cm幅に切る) … 5本
だし汁 … 2カップ
みそ … 大さじ1〜1 1/2

[作り方]

1 鍋にだし汁、厚揚げ、アスパラを入れて火にかけ、煮立ったらふたをして中火で1分煮る。

2 みそを溶き入れ、煮立つ直前に火を止める。

塩さばカレーナッツおにぎり＋ひじきの豆乳汁

さばのトップクラスの DHA、EPA に、ナッツのビタミンEを合わせてさびない脳に。
カレー粉に含まれるターメリックには、認知症予防作用があると言われています。
豆乳入りみそ汁には食物繊維とβ-カロテンを加え、脳の老化防止に貢献します。

塩さばカレーナッツおにぎり

[材料] 2人分／4個

塩さば（三枚おろし）… ½尾分（150g）
A｜白ワイン（または酒）、カレー粉 … 各小さじ1
カシューナッツ（粗く刻む）… 20粒
カレー粉 … 小さじ⅓
ごはん（温かいもの）… 茶碗軽く4杯分（400g）

[作り方]

1 さばはAをふって魚焼きグリルでこんがり7〜8分焼き、皮と骨を除いて大きめにほぐす。

2 ボウルに**1**、残りの材料を入れてさっくり混ぜ、4等分し、塩水（p9）を手につけて三角ににぎり、カレー粉（分量外）をふる。

ひじきの豆乳汁

[材料] 2人分

芽ひじき（乾燥・水につけて戻し、水けをきる）… 大さじ2
小松菜（4cm幅に切る）… 3株
豆乳（成分無調整のもの）… 2カップ
みそ … 大さじ1〜1½

[作り方]

1 鍋に豆乳、ひじき、小松菜を入れて火にかけ、煮立ったらふたをしないで弱火で5〜6分煮る。

2 みそを溶き入れ、煮立つ直前に火を止める。

炊き込みおにぎりいろいろ

ザーサイ 切り干し大根 おにぎり

[材料] 作りやすい分量／8個分

味つきザーサイ（びん詰・細切り）… 1びん（100g）

切り干し大根（水¼カップにつけて戻し、水けをきって
3cm幅に切る）… 30g

A | オイスターソース… 大さじ2
| 酒… 大さじ1　ごま油… 大さじ½

米… 2合　水… 2カップ

[作り方]

1 炊飯器に洗った米、水を入れて30分おき、**A**
を混ぜ、ザーサイ、切り干し大根をのせて普通
に炊く。さっくり混ぜ、三角ににぎる。

さばみそ おにぎり

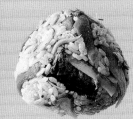

[材料] 作りやすい分量／8個分

A | さばみそ煮缶… 1缶（180g）
| ごぼう（皮ごとささがき）… ⅓本（50g）
| にんじん（皮ごとささがき）… ⅓本
| しょうが（皮ごと細切り）… 2かけ

B | 酒… 大さじ2　みそ… 大さじ1½

米… 2合　水… 1¾カップ

[作り方]

1 炊飯器に洗った米、水を入れて30分おき、**B**
を混ぜ、**A**（さば缶は汁ごと）をのせて普通に炊
く。さっくり混ぜ、三角ににぎる。

梅ツナかぼちゃ ナッツおにぎり

[材料] 作りやすい分量／8個分

A | 梅干し（ほぐして種ごと）… 2個
| ツナ缶（汁けをきる）… 小2缶（140g）
| かぼちゃ（2cm角に切る）… ⅛個（200g）

B | 酒… 大さじ2　塩… 小さじ½

米… 2合　水… 2カップ

アーモンド（ホール・刻む）… ¼カップ（35g）

[作り方]

1 炊飯器に洗った米、水を入れて30分おき、
Bを混ぜ、**A**をのせて普通に炊く。アーモン
ドを加えてさっくり混ぜ、三角ににぎる。

ししゃも プチトマト おにぎり

[材料] 作りやすい分量／8個分

A | ししゃも（魚焼きグリルで3〜4分焼く）
| … 4尾（100g）
| プチトマト… 15個
| 玉ねぎ（みじん切り）… ¼個

B | 白ワイン（または酒）… 大さじ2
| オリーブ油… 大さじ1　塩… 小さじ1

米… 2合　水… 2カップ

バジルの葉（粗みじん切り）… 10枚

[作り方]

1 炊飯器に洗った米、水を入れて30分おき、
Bを混ぜ、**A**をのせて普通に炊く。ししゃも
の骨と尾を除いてほぐし、バジルを加えて
さっくり混ぜ、三角ににぎる。

5

からだ整え
お腹するっとおにぎりとみそ汁

食物繊維をしっかり意識した、お腹の調子を整えてくれる献立です。
水溶性食物繊維（＝腸内環境改善）と不溶性食物繊維（＝便秘解消）を
合わせてとるのが大切で、そこにみそ汁のみそ、さらに納豆やキムチなどの
発酵食品を加えることで、腸内環境を刺激して活発化。免疫力も上がります。

梅干しかいわれおにぎり + 納豆とごぼうのみそ汁

さっぱり味の梅おにぎりは、かいわれの辛み成分の殺菌効果で食中毒を防止、
スルフォラファンで免疫力を強化。ごぼう、納豆ともに水溶性・不溶性食物繊維が豊富な
みそ汁は、わかめも加えてお腹すっきり効果は絶大です。

梅干しかいわれおにぎり

[材料] 2 人分／4 個

梅干し（種を除き、粗くたたく）… 2 個
かいわれ（長さを 4 等分に切る）… 1 パック
ごはん（温かいもの）… 茶碗軽く 4 杯分（400g）

[作り方]

1 ボウルに材料をすべて入れてさっくり混ぜ、4 等分し、塩水（p9）を手につけて三角ににぎる。

納豆とごぼうのみそ汁

[材料] 2 人分

納豆 … 1 パック（40g）
ごぼう（皮ごと斜め薄切り）… ⅓本（50g）
カットわかめ（乾燥・水につけて戻し、水けを絞る）… 大さじ 2
だし汁 … 2 カップ
みそ … 大さじ 1 〜 1½

[作り方]

1 鍋にだし汁、ごぼうを入れて火にかけ、煮立ったらふたをして中火で 5 分煮る。

2 わかめを加え、みそを溶き入れ、煮立つ直前に納豆を加えて火を止める。

じゃこキムチおにぎり＋油揚げと白菜のみそ汁

白菜のたっぷりの水分と食物繊維が、発酵食品のキムチとなって腸をさらに刺激。
吸収のいいすりごまのビタミンEと食物繊維、発芽玄米でビタミン類もとれる、
ピリ辛味の美肌おにぎりです。みそ汁の白菜＆えのきの食物繊維も、お通じをうながします。

じゃこキムチおにぎり

[材料] 2人分／4個

ちりめんじゃこ … 大さじ3
白菜キムチ（粗みじん切り）… ½カップ（100g）
白すりごま … 大さじ2
ごま油 … 小さじ1
発芽玄米入りごはん（温かいもの）
　… 茶碗軽く4杯分（400g）*
*白米と発芽玄米を1:1で混ぜ、水を2割増しにして炊いたもの

[作り方]

1 ボウルに材料をすべて入れてさっくり混ぜ、
　4等分し、塩水（p9）を手につけて三角に
　にぎる。

油揚げと白菜のみそ汁

[材料] 2人分

A｜油揚げ（熱湯をかけ、縦半分に切って細切り）… 1枚
　｜白菜（3cm角に切る）… 1枚
　｜えのきだけ（長さを半分に切り、ほぐす）… 1袋（100g）
だし汁 … 2カップ
みそ … 大さじ1〜1½

[作り方]

1 鍋にだし汁、Aを入れて火にかけ、煮立った
　らふたをして中火で5〜6分煮る。

2 みそを溶き入れ、煮立つ直前に火を止める。

鮭青菜おにぎり＋しいたけとこんにゃくのみそ汁

鮭のアスタキサンチンで老化を防止、ほうれんそうでたっぷりの鉄と、
もち麦で水溶性食物繊維も補えるおにぎりです。生の10倍もの食物繊維を含む
干ししいたけが、こんにゃくのグルコマンナンとともに腸内を掃除、老廃物もからめとります。

鮭青菜おにぎり

[材料] 2人分／4個

鮭フレーク … 大さじ6
| ほうれんそう … 5株（150g）
| しょうゆ … 小さじ1
もち麦入りごはん（温かいもの）
　… 茶碗軽く4杯分（400g）＊
＊白米ともち麦を1：1で混ぜ、水を2割増しにして炊いたもの

[作り方]

1 ほうれんそうは熱湯で1〜2分ゆで、水にとって水けを絞り、1cm幅に切ってしょうゆをからめる。

2 ボウルに汁けをしっかり絞った **1**、残りの材料を入れてさっくり混ぜ、4等分し、塩水（p9）を手につけて三角ににぎる。

しいたけとこんにゃくのみそ汁

[材料] 2人分

干ししいたけ（水につけて戻し、軸を除いて薄切り）… 4枚
こんにゃく（小さめにちぎり、さっとゆでる）… ½枚（100g）
だし汁 … 2カップ
みそ … 大さじ1〜1½

[作り方]

1 鍋にだし汁、しいたけ、こんにゃくを入れて火にかけ、煮立ったらふたをして中火で5分煮る。

2 みそを溶き入れ、煮立つ直前に火を止める。

刻み昆布にんじんおにぎり＋里いもときくらげの粕汁

刻み昆布には、抗アレルギー作用も期待できる食物繊維・フコイダンがどっさり。
β-カロテン豊富なにんじんとともにレンチンで甘辛煮にし、おにぎりにしました。
酒粕＋みそのダブルの発酵食品入り粕汁は、新陳代謝を高めて冷え性を改善、美肌効果も。

刻み昆布にんじんおにぎり

[材料] 2人分／4個

A 刻み昆布 (乾燥・さっと洗い、水3カップに10分つけて戻し、
　　キッチンばさみで3cm幅に切る) … ⅓カップ (10g)
　にんじん (皮ごと細切り) … ⅓本
　しょうゆ、砂糖 … 各大さじ½
削り節 … 2袋 (4g)
発芽玄米入りごはん (温かいもの)
　… 茶碗軽く4杯分 (400g)*
*白米と発芽玄米を1:1で混ぜ、水を2割増しにして炊いたもの

[作り方]

1 耐熱ボウルにAを入れ、ラップをかけて電
子レンジで2分加熱し、削り節を混ぜる。

2 ごはんを加えてさっくり混ぜ、4等分し、
塩水 (p9) を手につけて三角ににぎる。

昆布を細く切った、食物
繊維豊富な刻み昆布。塩
分が強いので多めの水で
戻し、戻し汁も使って。
豚肉、にんじんと炒めた
り、漬けものに加えても。

里いもときくらげの粕汁

[材料] 2人分

里いも (1cm幅の輪切り) … 3個 (150g)
きくらげ (乾燥・水につけて戻し、ひと口大に切る)
　… 大さじ1 (5g)
だし汁 … 2カップ
A みそ … 大さじ1〜1½
　酒粕 … 大さじ2

[作り方]

1 鍋にだし汁、里いも、きくらげを入れて火
にかけ、煮立ったらふたをして中火で7〜
8分煮る。

2 Aに**1**の煮汁を少し加えて溶かし、**1**に加
えて混ぜ、煮立つ直前に火を止める。

あさり切り干し大根おにぎり + キムチとおからのみそ汁

手軽なあさり缶で作るナムル風味のおにぎりは、切り干し大根で食物繊維をプラスしつつ、
食感もよく。食べごたえ満点で不溶性食物繊維が豊富なおからのみそ汁には、
キムチを加えて腸活、栄養が溶け出したあさり缶の汁も利用して、疲労回復効果も。

あさり切り干し大根おにぎり

[材料] 2 人分／ 4 個

A｜あさり水煮缶 (汁をきる) … 1 缶 (130g)＊
　｜切り干し大根 (水大さじ 2 につけて戻し、
　　　　　水けをきって 2cm 幅に切る) … 20g
　｜ごま油 … 小さじ 2
　｜塩 … 小さじ⅓
　｜にんにく (すりおろす) … 少々
もち麦入りごはん (温かいもの)
　… 茶碗軽く 4 杯分 (400g)＊＊
＊汁はみそ汁用に残しておく
＊＊白米ともち麦を 1:1 で混ぜ、水を 2 割増しにして炊いたもの

[作り方]

1 耐熱ボウルに A を入れて混ぜ、ラップをかけずに電子レンジで 2 分加熱する。

2 ごはんを加えてさっくり混ぜ、4 等分し、塩水 (p9) を手につけて三角ににぎる。

キムチとおからのみそ汁

[材料] 2 人分

A｜白菜キムチ (細切り) … ½ カップ (100g)
　｜おから … 100g
万能ねぎ (3cm 幅に切る) … 4 本
B｜あさり水煮缶の汁 ＋ 水 … 2 カップ
みそ … 大さじ 1 〜 1½

[作り方]

1 鍋に A を入れて中火にかけて炒め、なじんだら B を加え、煮立ったらふたをして 5 分煮る。

2 みそを溶き入れ、万能ねぎを加え、煮立つ直前に火を止める。

ベーコンらっきょうおにぎり＋焼き豆腐とオクラのみそ汁

野菜の中で水溶性食物繊維の含有量トップクラスのらっきょうが、お腹を軽くします。

みそ汁のオクラのぬめり（水溶性食物繊維）は、加熱しすぎずに腸まで届けるのが大切。

おかげで栄養分が凝縮した焼き豆腐の良質なたんぱく質も、しっかり吸収できます。

ベーコンらっきょうおにぎり

[材料] 2人分／4個

ベーコン（細切り）… 4枚
らっきょう（甘酢漬け・縦横半分に切る）… 10個
ごはん（温かいもの）… 茶碗軽く4杯分（400g）

[作り方]

1 耐熱皿にキッチンペーパーを敷き、ベーコンを広げ、ラップをかけずに電子レンジで2分加熱する。

2 ボウルにごはん、**1**、らっきょうを入れてさっくり混ぜ、4等分し、塩水（p9）を手につけて三角ににぎる。

焼き豆腐とオクラのみそ汁

[材料] 2人分

焼き豆腐（縦半分に切り、1cm幅に切る）… ½丁（150g）
オクラ（ガクをむき、斜め3等分に切る）… 8本
だし汁 … 2カップ
みそ … 大さじ1〜1½

[作り方]

1 鍋にだし汁、豆腐を入れて火にかけ、煮立ったらふたをして中火で1〜2分煮る。

2 みそを溶き入れ、オクラを加え、煮立つ直前に火を止める。

パセリカマンベールおにぎり + 芽キャベツのヨーグルト汁

β-カロテンの王様で美肌効果があるパセリ、発酵食品のチーズ入り洋風おにぎりは、
雑穀でビタミン類もプラス。発酵食品のヨーグルト＋トマトの酸味で新感覚のみそ汁には、
キャベツの3倍の食物繊維を誇る芽キャベツを加え、お腹をすっきり整えます。

パセリカマンベールおにぎり

[材料] 2人分／4個

パセリ（みじん切りにし、さっと水にくぐらせ、水けを絞る）… ½カップ（15g）
カマンベールチーズ（小さめのひと口大に切る）… 1個（90g）
雑穀ミックス入りごはん（温かいもの）… 茶碗軽く4杯分（400g）*
*白米と雑穀ミックスを1:1で混ぜ、水を2割増しにして炊いたもの

[作り方]

1 ボウルに材料をすべて入れてさっくり混ぜ、4等分し、塩水（p9）を手につけて三角ににぎる。

芽キャベツのヨーグルト汁

[材料] 2人分

芽キャベツ（縦半分に切る）… 10個
トマト（縦半分に切り、横1cm幅に切る）… ½個
だし汁、プレーンヨーグルト … 各1カップ
みそ … 大さじ1〜1½

[作り方]

1 鍋にだし汁、芽キャベツを入れて火にかけ、煮立ったらふたをして中火で2〜3分煮る。

2 トマト、ヨーグルトを加え、みそを溶き入れ、煮立つ直前に火を止める。

藤井 恵（ふじい めぐみ）

1966年、神奈川県生まれ。管理栄養士。女子栄養大学卒業後、料理番組、フードコーディネーターのアシスタントなどを経て、料理研究家に。著書に『からだ整えおにぎりとみそ汁』『「からだ温め」万能だれで免疫力アップごはん』『50歳からのからだ整え2品献立』『和えサラダ』『世界一美味しい！やせつまみの本』『家庭料理のきほん200』『のっけ弁100』（すべて小社刊）など多数。
Instagram:@fujii_megumi_1966

もっと からだ整え
おにぎりとみそ汁

著　者／藤井 恵
編集人／足立昭子
発行人／倉次辰男
発行所／株式会社主婦と生活社
　　　　〒104-8357　東京都中央区京橋3-5-7
　　　　☎03-3563-5321（編集部）
　　　　☎03-3563-5121（販売部）
　　　　☎03-3563-5125（生産部）
　　　　https://www.shufu.co.jp
　　　　ryourinohon@mb.shufu.co.jp
製版所／東京カラーフォト・プロセス株式会社
印刷所／TOPPAN株式会社
製本所／株式会社若林製本工場
ISBN978-4-391-16145-8

デザイン／高橋朱里（マルサンカク）

撮影／福尾美雪

スタイリング／大畑純子

撮影協力／UTUWA

取材／中山み登り

校閲／滄流社

編集／足立昭子